LA
RELIGION DÉVOILÉE,

LA FRANCE SAUVÉE,

LES PRÊTRES TOMBÉS,

OU

Du Bien de fait, du Bien à faire.

Jours de triomphe, éclairez l'univers.
BÉRANGER.

Prix : 75 c.

LA RELIGION

DÉVOILÉE,

La France sauvée,

LES PRÊTRES TOMBÉS,

OU

Du bien de fait,

DU BIEN A FAIRE.

PAR MARIE DEHAYS.

Jours de triomphe, éclairez l'Univers !

BÉRANGER.

PARIS.

CHEZ TOUS LES MARCHANDS DE NOUVEAUTÉS.

—

Septembre 1830.

LA RELIGION DÉVOILÉE.

§ I.

Pillez la ruche et, par prudence,
A l'abeille ôtez l'aiguillon.

PÉRONNETTE.

ROME après des siècles de victoires conti-
nuelles, était devenue le seul flambeau qui
éclairât le monde. Elle avait produit des hommes capables de s'affranchir des préjugés et
des superstitions du vulgaire. Peu d'entre eux
osèrent parlèr; la crainte, ou peut-être ce
sentiment dédaigneux d'une injuste supério-
rité inspirée par l'esclavage, faisait taire les
autres.

Tout, néanmoins, concourait au prochain
affranchissement de l'univers.

Cependant des hordes de barbares envahi-
rent le monde civilisé, leur vandalisme n'é-
pargna rien.

Au milieu des pillages et des incendies, les
livres disparurent, et il ne resta plus que quelques hommes éclairés qui voulurent, dans ce

bouleversement des empires, tourner à leur profit l'ignorance des autres. Cette spéculation n'était pas nouvelle quant au fonds, mais pour mieux réussir, ils lui donnèrent une forme nouvelle. Des prêtres juifs et romains se coalisèrent, et dans l'ombre des souterrains ils se firent des prosélytes.

Le nouveau eut toujours beaucoup de pouvoir sur le peuple ignorant, et il en a d'autant plus que ce qu'on lui présente à croire est plus incompréhensible.

Cette vérité n'avait pas échappé aux fourbes ; aussi ils avaient eu soin de mélanger tout ce qu'il y avait de plus bizarre et de plus mystique dans la religion juive, et dans les différents systèmes des philosophes, sur-tout des platoniciens. Ce n'était qu'un amalgame grossier, incohérent, mais l'appât était assez bon pour y prendre des aveugles. Tous les chefs de ces clubs impies eurent d'abord une égale part aux donations qu'ils arrachaient à leurs congréganistes, se trouvait-il parmi ces derniers des gens capables de tout découvrir ? un bénéfice leur était aussitôt assuré sur les gains de la confrérie, et l'intérêt leur commandait le silence. Il s'en trouvait d'autres en qui la vérité subjuguait l'intérêt, témoin Ter-

tulien qui , après avoir déployé toutes les res-
sources de son africaine éloquence pour sou-
tenir cette religion , quitta ses profanes sec-
tateurs et ses abominables mystères. Tant il
est vrai que d'énergiques protestations, l'effu-
sion même du sang, ne prouvent rien en faveur du culte pour lequel on combat ou même
on se laisse égorger.

§ II.

Ce sont des Dieux bien reconnus, vous dis-je ;
Chez les Romains plus que nous en crédit ,
Sans dignité , sans grâce et sans esprit ,
Leur prompt succès me paraît un prodige.
J'ai lu pourtant leur brevet sur vélin
En bonne forme et signé Constantin.

PARNY.

Le nombre des adeptes s'était tellement ac-
cru pendant les longues guerres des Barbares,
que la confrérie commença à sentir le besoin
de se créer des chefs. Les plus intrigants ,
comme c'est la coutume, furent nommés , et
dès lors la secte se montra au grand jour. Mais
elle avait besoin de quelque autorité, de quelques preuves , du moins apparentes ; on n'en
manqua pas. La barbarie était si grande , qu'un
très petit nombre de personne savaient ce qui

s'était passé cent ans auparavant dans le petit état ignoré de la Judée. Il n'était dès lors pas difficile d'inventer. D'abord les sectaires reconnurent pour auteur de leur religion un nommé *Jésus-Christ*, juif, qui avait fait quelque bruit dans le temps par son esprit exalté, et qui avait fini, à force d'injurier les prêtres, par être pendu ou plutôt crucifié comme on le faisait alors. On n'avait aucun récit par écrit sur la vie de ce personnage; mais la congrégation en avait fabriqué. Il en parut un grand nombre sous différents noms d'auteurs entièrement inconnus, tels que Jean, Luc, Marc et autres. C'était dans ces vies de Jésus qu'ils appelèrent évangiles, qu'on devait trouver au besoin toutes les autorités qui seraient nécessaires. Le pouvoir du Pape, les sacrements, les mystères, les miracles, la confession, la sanction des prêtres, en un mot, tout ce qui pouvait maintenir au grand jour ces puissances formées dans l'ombre, y étaient mentionnés, et au moyen des interprétations rien n'y manquait. C'est-là, qu'à proprement parler commence cet empire du christianisme qui devait un jour devenir si terrible. Le nombre des croyants est immense; les sots, les filoux, les mécontents, les fanatiques, les conspirateurs , tous se jettent dans le sein de cette nouvelle doctrine ; et cette coaliation formée par quelques prêtres d'abord inconnus, sans puissance, étend déjà de tous côtés son influence ; elle monte jusque sur le trône des Césars , et elle s'accroît en proportion de la perte des lumières. La distribution des pouvoirs ne manque pas de faire des mécontents ; il se forme différents schismes.

§ III.

Quelle menace un prêtre fait entendre
Nous touchons tous à nos derniers instants.
L'éternité va se faire comprendre
Tout va finir l'univers et le temps.

LE DIEU DES BONNES GENS.

La crainte força les sots
A enrichir les habiles.

VOLTAIRE.

Des conciles s'assemblent pour juger les hérétiques qui sont toujours condamnés, parce que, quoiqu'ils fassent, quoiqu'ils invoquent leurs évangiles, qui sont déjà le code ecclésiastique, ils ont toujours tort; le tronc est plus fort à lui seul que toutes les branches divisées. Ce moment de crise passé, les catholiques romains, apostoliques, triomphent

dans toute la plénitude du terme. Les cou-
vents se forment ; les moines, pieux fainéants,
possèdent seuls les connaissances, quoique
bien peu étendues d'alors ; ils cherchent à les
interdire aux laïcs, et, pour y réussir, ils font
entrer dans leurs ordres ceux qu'ils daignent
instruire ; d'où ignorance générale, erreur com-
mune ; car, comme dit un philosophe, *les fleu-
ves ne vont pas à la mer avec autant de rapidité
que les hommes vont à l'erreur*. Les moines possèdent le peu de livres grecs et latins échap-
pés au naufrage des lettres, et ils les sacrifient
pour y substituer les folies de leur religion. Ils
sont même devenus si puissants, que les rois
les craignent ; ces derniers sont obligés de se
soumettre aux volontés d'un pape qui les gouverne avec sa férule de fer. Il faut écraser les
laïcs d'impôts, leur faire porter le joug monacal
pour payer les tributs au Saint-Père, comme ils
l'appellent, sinon, on est excommunié ; et si le
pape se sent aussi fort de ses forces temporelles
que spirituelles, malheur au souverain qui ose
agir par lui-même, il perd et sa couronne et
son sceptre. Les miracles se multiplient pour
l'édification des fidèles, la conversion des in-
crédules et les intérêts du clergé. Il y avait
déjà long-temps qu'on parlait de la fin pro-

chaine du monde ; mais, grâceaux sermons des prêtres, ce bruit prit un nouveau degré de créance, et présque tous les testaments commencèrent par ces mots : ADVENTANTE MUNDI VESPERO, etc. *La fin du monde approchant, moi, pour le salut de mon ame, je donne tous mes biens au couvent de.....* Le testateur mourait, le monde ne finissait pas, mais les moines s'enrichissaient, et les enfants, privés de la succession de leurs pères, s'estimaient trop heureux de pouvoir entrer dans le couvent ; enfin, il n'est point de stratagêmes, d'inventions, d'escroqueries que n'emploient ces fripons pour accumuler l'argent dans leurs trésors, qui leur ont servi depuis à nouer tous les fils de leurs trames secrètes. Avec de l'argent tout est permis ; le tarif des crimes est fixé ; vous pouvez être impunément incestueux, voleur, assassin, parricide ; payez la taxe, vous serez absous. Et la voilà cette belle morale de votre religion ! le riche peut commettre tous les excès et aller en paradis (1) ; le pauvre fait-il une

(1) Et encore aujourd'hui, malheureux ouvrier, toi qui auras employé toute ta vie dans la fatigue et les travaux, tu ne pourras non plus aller en paradis si tu n'as pas laissé à tes enfants de l'argent pour qu'ils puissent faire dire des messes pour le salut de ton ame. La bible nous représente bien dieu vindicatif, colère ; mais elle ne nous l'avait pas représenté comme un mauvais juge qui se laisse corrompre par l'argent. Réfléchissez !

(12)

légère faute , s'il n'a pas une obole à donner à
un prêtre, l'enfer et ses feux éternels seront
son partage ! O infamie ! O turpitude de la religion ! Infâme, à jamais infâme ! loin de détourner des vices, tu permets les crimes,
comme on permet le passage sur un pont à qui
possède un sou pour payer le droit de péage.

§ IV.

Tartufe était le directeur
D'Orgon.

VOLTAIRE.

Depuis long-temps le clergé en était venu
au point de faire croire tout ce que bon lui
semblait, et il n'y a pas de doute que le pre-
mier avantage qu'il tire de cette autorité, est
celui d'augmenter ses trésors ; car c'est tou-
jours-là qu'il en revient ; ici c'est un prêtre
qui demande pour les frais du culte ; peu où
beaucoup chacun lui donne, toujours autant
d'emboursé ; là c'est un confesseur au pied du
lit d'un mourant qui montre à ce malheureux
les abîmes de l'enfer prêts à l'engloutir s'il ne
lui donne une rançon par forme de pénitence.
Il n'est pas difficile de communiquer toutes les
impressions qu'on désire à un malade mori-

bond, dont les facultés sont presque anéanties ;
et qui, ne regardant que cet homme noir à la
voix menaçante, prêt à l'excommunier, croit
déjà voir le diable qui le harcèle ; il cède, et il
peut mourir tranquille.

A mesure que les lumières commencèrent à
reparaître, que les rois se moquèrent des bulles
des papes, enfin lorsqu'on fut moins crédule,
il fallut abandonner ce système devenu trop
grossier et trop révoltant, les astucieux socié-
taires dressèrent de nouvelles batteries. La
confession, inventée dans le but si louable de
connaître le secret des familles, fut encore une
ressource pour le cumul des richesses. C'est là
qu'on abusa de la faiblesse des femmes ! Que
de mères apportèrent à ces fainéants du confessionnal, gros, gras, rouges du vermillon de
la mollesse, l'argent du père de famille ! D'autres de ces bons apôtres se glissèrent dans les
maisons riches, en qualité de *directeur de Mon-
sieur*, bien plus souvent de *Madame*. Plusieurs
causes expliquent cette différence ; il est inu-
tile de les citer ; le métier de directeur a toujours été un des meilleurs qu'on connaisse :

Nul n'est si bien soigné qu'un directeur de femmes.
Quelque léger dégoût vient-il le travailler ?
Une froide vapeur le fait-elle bailler ?

Un escadron coiffé court d'abord à son aide,
L'une chauffe un bouillon, l'autre apprête un remède, etc., etc.

Le confesseur est payé à l'église, le directeur à la maison. Souvent, ou pour mieux dire toujours ils ont semé la division dans l'intérieur des familles, en y excitant des jalousies ; il n'a pas été rare de les voir user de leur autorité sur une mère pour lui faire répudier quelques-uns de ses enfants, et profiter même de l'héritage, tandis que le malheureux, et par désespoir, et par misère, était plongé dans un abîme de maux pour n'avoir pas plu au directeur de sa mère.

§ V.

Nul serment n'est gardé, nul accord n'est sincere.
Quand la bouche a parlé , le cœur dit le contraire.
Du ciel qu'ils attestaient, ils bravaient le couroux ;
L'intéret est le Dieu qui les gouverne tous.

ARIOSTE.

Cependant une nouvelle congrégation s'était formée sous le nom de *Compagnie de Jésus*. Elle avait pour devise : TOUT POUR NOUS, et elle s'y est montrée constamment fidèle.

Ce fut sur-tout cette race abominable qui se glissa dans le sein des familles, et qui, présente partout, fut partout une source de malheurs. Elle comprit bien que le progrès des lumières allait porter un dernier coup à son pouvoir.

C'est pour l'arrêter, ou par l'ignorance, ou par le fanatisme, quelle s'empare des rênes de l'instruction publique. Ceux qui jouissent de leurs leçons, y sucent tout le poison de la superstition et des préjugés. Ceux qui en sont privés sont tout-à-fait ignorants, et, par conséquent, rien n'est à craindre de leur part. Ces leçons qu'ils donnent avec tant d'empressement, n'impriment dans les esprits que des idées fausses, égarent le jugement, tarissent la source des bons penchants du cœur. Heureusement il s'en trouva en qui la nature l'emporta sur l'habitude, et, ceux-là ayant eu assez de force pour secouer le joug et pour raisonner par eux-mêmes, démasquèrent ces ambitieux, en montrant aux yeux le squelette de leurs sophismes. C'est alors que toutes leurs turpitudes, tous leurs crimes parurent au grand jour; mais ils étaient en trop beau chemin pour s'arrêter : empoisonnements, meurtres, séductions, conspirations, tout fut employé par eux. Mais la raison avait repris son empire, elle fut plus forte que les subtilités du raison-

nement jésuitique, l'erreur disparut, le mensonge fit place à la vérité ; la philosophie avait
éclairé la France, elle expulsa de son sein les
Jésuites, qui la rongeaient comme un cancer
invétéré. Dès lors, l'instruction n'eut plus
d'entraves, on reconnut les desseins de ces
infâmes ambitieux ; le flambeau de la raison,
soutenu des mains de la philosophie, brillait
de la plus vive lumière, et ses rayons se ré-
flétaient de toutes parts.

Cependant cette véritable race de vipères
n'était pas éteinte; comme l'hydre de la Fable,
elle semblait se multiplier. Tant il est vrai de
dire, que rien n'est si difficile que de couper
racine à la mauvaise herbe. Réfugiés dans différents états, ils firent en secret tous leurs efforts
pour remonter sur leur trône de France d'où
ils étaient tombés, et l'espérance qu'ils en con-
servaient était d'autant plus grande que, comme
tout le monde sait, les Jésuites sont peu scru-
puleux dans le choix des moyens qui peuvent
les conduire à leurs fins. Ils communiquèrent
au moyen des associations religieuses, et, dans
l'ombre, ils complotaient de concert avec la
noblesse héréditaire à laquelle la révolution
venait de porter un grand coup. Les femmes
mêmes de la congrégation, les secondaient de

tout leur pouvoir, et il en est de bien connues qu'on pourrait citer, qui remplissaient parfaitement dans les assemblées catholiques les fonctions de diplomates ; ils voulaient rétablir le trône et l'autel. Pauvres gens, qui se croyaient capables de grandes choses ! Les Bourbons étaient pourtant, par la *grâce de Dieu*, rentrés en France, pour en bientôt disparaître à jamais.

§ VI.

Par brevet d'invention
J'ordonne une mission
. . . . , . .
Exploitons en diable les cafards ;
Hameau, ville et banlieue.

. . . .
Nous sommes fils de Loyola ,
Vous savez pourquoi l'on nous excita.
Nous rentrons , songez à vous taire ;
Et que vos enfants suivent nos leçons.

BÉRANGER.

Voilà donc l'heureux moment où les fils d'Ignace, prêtres, moines, émigrés, absolutistes, vont sous toutes les formes renouer dans les ténèbres le fil de leurs trames criminelles. Avant de viser droit au but, la faction ultramontaine se montre rampante. Il existe

un grand obstacle à ses projets, c'est la Charte
constitutionnelle. Mais avec le temps, pourquoi ne l'anéantirait-elle pas? Pour cela, il
faut calomnier, allumer des haines, briser les
liens qui unissent le monarque à la nation. Il
lui est facile de tromper la religion du chef de
l'état? Elle place auprès du trône ses affiliés
pour diriger sa conscience ; puis elle tient tout
prêts pour mettre à la tête des affaires, des
hommes sans moyens et sans probité, qui vou-
lant, à quelque prix que ce soit, une part au
pouvoir, doivent essentiellement avoir en horreur un état de choses qui repose sur la légalité, et par conséquent incompatible avec
l'ambition, l'intérêt et l'infamie. C'est sur ces
intrigants sans honneur que compte le parti
ultramontain.

Cependant, quel que soit son empire sur
l'esprit du monarque, qu'il ne flatte maintenant que pour mieux l'employer à atteindre
son but, et que pour mieux abattre un jour
quand il n'en aura plus besoin ; ce n'est pas
assez : il y a une opposition bien puissante,
c'est *l'opinion :* il faut s'en emparer pour ren-
verser les peuples et les rois, pour mettre
enfin l'autel sur le trône.

Pour attaquer la masse, des missions sont

ordonnées, et les missionnaires fourbes, imposteurs, abusent de la crédulité de leurs néophytes. Ils leur suggèrent des principes subversifs de l'ordre établi, et tout cela sous le manteau de la religion, de laquelle ils tirent tout leur crédit. Quand ils ont bien prêché, confessé dans une ville, qu'ils l'ont, comme ils disent, ramenée à un bon esprit, ce qui signifie qu'ils l'ont abusée, ils la quittent, après avoir institué des congrégations pour faire germer cette précieuse semence dans les cœurs. Ce sont des assemblées composées de leurs affiliés, d'hommes, et de femmes sur-tout, qu'ils n'ont pas eu de mal à tromper, et qu'ils espèrent conserver à l'erreur, en leur interdisant, sous peine de la colère céleste, la lecture des livres qui pourraient éclairer leurs adeptes. Des prêtres, leurs correspondants, chargés de diriger ces assemblées, y sont regardés comme des oracles. Ils ont soin de faire entendre, que pour sauver l'état et la religion, en proie, l'un à la liberté, l'autre à l'impiété, il serait fort utile de ramener l'inquisition et la dîme afin de donner plus de force au clergé. Et tous les assistants de promettre leur aide à de si pieux et raisonnables desseins.

En attendant qu'ils viennent en maturité, ils n'oublient pas de soutirer de l'argent à leurs pénitentes, et cela pour la plus grande gloire de Dieu. Que de gens sont déjà dans leur manche ! Malheureusement ces gens-là sont tous pour la plupart sans instruction.

Pour s'assurer de l'opinion des hommes instruits, il faut faire ce qu'ils ont déjà fait ; il faut s'emparer de l'instruction publique. Le profond Loriquet ne laisse pas reposer sa plume : le soir il a regret aux mensonges que'la journée ne lui a pas donné le temps d'écrire. C'est lui qui fabrique des livres pour les collèges ; c'est dans ces livres qui provoquent la pitié et l'indignation tout à la fois, que la jeunesse, secondée par les suppôts du jésuitisme, puise le fiel de la haine et le poison de l'erreur ; tandis que les gens des classes inférieures de la société ne trouvent pas plus la vérité dans ces livres distribués de tous côtés à si vil prix, sous les noms de *Bibliothèque des bons livres*, *Bibliothèque chrétienne*, etc., etc.

C'est ainsi que par les missions, les congrégations, l'envahissement des écoles, la faction rétrograde croit avoir pour elle la faveur de l'opinion. Tout semble prospère à ses desseins. L'avénement de Charles X au trône, le ministère Villèle, la majorité dans la chambre des députés, quelles espérances? Cependant elles s'évanouirent, le ministère tomba. Elle se détermina alors à attendre le moment favorable pour retomber sur sa proie. Le 8 août n'en est qu'une preuve trop manifeste. Le jésuitisme, chassé par la nation, protégé par le pouvoir, travaille toujours, aidé des rêveurs du xve siècle, bons vieux seigneurs qui soupirent encore après le régime du bon plaisir.

§ VII.

Prêtres et grands veulent d'un coup
Rendre au peuple bât et licou.
Même , si l'histoire en est crue ,
Le roi s'attèle à leur charrue.

NABUCHODONOSOR.

Notre roi bigot et imbécile, pour obtempérer aux instances de plus en plus vives des prêtres qui ont *imposé à sa vieillesse des crimes pour racheter les erreurs de sa jeunesse ,* va chercher chez les Anglais l'anglais Polignac, être insipide, que des préjugés indéracinables et la rancune de sa vanité ont rendu l'ennemi le plus acharné des libertés du peuple français. Arrivé au ministère, cet homme, de sanglante mémoire, essaie à marcher dans la légalité ; mais la France est prévenue contre lui : il ne peut vaincre par les lois, il veut tout emporter d'assaut par ordonnances. Il abolit la liberté de la presse, et les franchises électorales ; et des gendarmes et des canons sont là pour prouver la légalité de son crime.

Le roi parjure, son stupide fils et cette duchesse acharnée contre le peuple français, et ce Polignac dont le nom seul inspire l'horreur et l'effroi, et les nobles orgueilleux, et les prêtres qui avaient fait incendier la Normandie sans qu'aucune sédition du peuple manifestât son ressentiment, avaient jugé le moment favorable. Ils lachèrent le coup. Mais ils avaient pris le calme de la France pour de l'indifférence et sa longue patience pour de la faiblesse. Ces nains du jésuitisme, de l'ambition et de l'absolutisme, outrageaient impunément le peuple : ils marchaient dessus ; mais le peuple se releva et tous les nains furent renversés.

Si la France n'eût pu échapper à ce coup, c'en était fait d'elle : l'absolutisme reprenait le pouvoir, et les cours prévôtales auraient fait taire les cris du peuple. Envahie à force ouverte par le jésuitisme, elle se serait dégradée dans l'esclavage ; il ne serait resté de sa gloire qu'une ombre, qu'un vain fantôme.

En échappant à son asservissement, elle a acquis une gloire nouvelle, elle a sauvé ses libertés; elle a arraché la couronne à Néron, pour la donner à un prince qui a compris les sages avis de Burrhus :

> Quel plaisir de dire et de penser en vous-même,
> Partout en ce moment on me bénit, on m'aime !
> On ne voit point le peuple à mon nom s'alarmer !
> Le ciel dans tous leurs pleurs ne m'entend point nommer ;
> Leur sombre inimitie ne fuit point mon visage,
> Je vois voler partout les cœurs à mon passage.

Qu'il se montre toujours le même et *tels seront ses plaisirs*. Nous citoyens, nous serons des rois sous un roi-citoyen. Pour comble de bonheur, les attaques de l'absolutisme sont retombées sur lui. Elles ont servi d'exemple à jamais mémorable pour rappeler aux rois la limite de leurs pouvoirs et aux nations l'étendue de leurs droits.

Avertis par cette leçon, d'autres nous imitent déjà; et par le concours de tous les peuples, les rois despotes mal affermis sur le trône vont tomber. C'est en vain que des énergumènes vont aller criant partout, semant l'argent, pour exciter des troubles, et prêchant une croisade pour sauver le trône et l'autel; le droit et la justice vont reprendre leur empire : les hommes ne seront *plus* au *joug* de la *raison attachés par dèrrière*; le temps du mensonge passe pour faire place à celui de la vérité qui va commencer une ère nouvelle.

§ VIII.

Béni par eux tout dégénère.

-Mais pour qu'elle triomphe tout-à-fait, il faut attaquer l'erreur dans sa source, il faut que les prêtres tombent puisque leur crédit, leur fortune étant basés sur l'erreur, c'est-à-dire la religion, ils ont le plus grand intérêt à combattre la vérité, qui est leur plus mortelle ennemie. Ils auront beau invoquer le droit divin, ils auront beau parsemer leur philosophie des mysticités et des *incompréhensibilités* du ciel, il faudra qu'ils tombent, mais sans le secours du pouvoir. L'épiscopat tombera de lui-même sans qu'il soit besoin d'employer une force matérielle contre lui : il est usé ; il est comme un vieil édifice que le temps a miné et qu'on laisse écrouler seul sans employer la main de l'ouvrier.

§ IX.

> Et quelle est cette doctrine lumineuse
> qui craint la lumière ?
>
> VOLNEY.

La raison est à la prêtrise ce qu'est le temps à l'édifice. Mais il faut pour cela que les peuples se dépouillent de leur trop grande crédulité et qu'ils cessent de croire aveuglément. Car plus de croyance, plus de prêtres : ce sont deux choses si étroitement liées que la destruction de l'une emporte celle de l'autre.

Mais à ce mot plus de prêtres, que de gens encore paraissent épouvantés. Eh ! que deviendra donc la religion sans prêtres? La religion catholique et autres qui ne consistent que dans une aveugle croyance, la pratique et la manifestation de vaines cérémonies, tomberont, il est vrai, avec leurs soutiens, avec les prêtres, et ce sera une preuve de leur fausseté; mais la véritable religion, la religion de l'homme honnête subsistera toujours. Oui, celle-là est vraie, celle-là seule n'est point hypocrite, parce qu'elle rejette toute pratique extérieure. Elle rejette de toutes les autres ce qu'elles ont de mauvais, elle en rejette le charlatanisme. Eh! que sont les mystères, les sacrements, la confession, tous ces discours pompeux, autre chose que du charlatanisme?

Que dites-vous d'un médecin qui a toujours de grands mots à la bouche, qui fait employer à ses malades remèdes sur remèdes, ou qui ne connaît qu'un seul panacée universel, qui prend leur argent, et qui loin de les guérir, les envoie la plupart du temps au tombeau ; vous dites que c'est un charlatan. Eh bien, si cet homme et ses vaines pratiques, sont le charlatanisme de la médecine ; le prêtre, et ces mystères, et ce joug de l'ignorance qu'il vous impose, sont le charlatanisme de la religion.

Et quels soupçons ne font pas d'abord concevoir ces paroles qu'ils répètent sans cesse : *écoutez-nous, et n'écoutez que nous.* Leur religion est d'institution divine, disent-ils ? S'il en était ainsi, elle serait innée dans tous les cœurs ; et la science, loin de l'anéantir, ne ferait que la fortifier. Car depuis quand la science a-t-elle fait rejeter les vérités ? Qui mieux que celui qui a long-temps étudié la géométrie croit à la vérité de la géométrie.

Et ces mots de l'évangile, *beati pauperes spiritu,* heureux les pauvres d'esprit, ne sont-ils pas le résumé des longs discours qu'ils vous répètent à satiété pour vous défendre de lire les livres qui combattent leur religion, et qui en démontrent les absurdités. N'est-ce pas d'après le même principe que les imans prohibent toute instruction , toute lecture autre que celle du *koran*? Oui , ces mots qu'on a voulu expliquer allégoriquement quand le monde fut plus éclairé , avaient été composés à la lettre. Les prêtres avaient voulu sanctionner leur intérêt d'ignorance générale par un précepte de l'évangile ; ce n'était pas mal imaginé. Ils disent que ces livres ne sont que des sophismes. Pourquoi donc les redoutent-ils tant ? Le bon sens général a toujours fait justice des sophismes. Comment juger impartialement un procès si on n'entend qu'une des parties? Que penserait d'abord un juge, si l'une d'elles venait lui dire : « N'écoutez pas « mon adversaire, c'est moi qui ai raison, « croyez-moi; mais sur-tout ne l'écoutez pas, « il vous tromperait par ses sophismes; con- « damnez-le , et ne l'écoutez pas ; » il penserait, s'il était sage, que c'est un homme d'une insigne fourberie , qui a bien sûrement tort, puisqu'il cherche à le prévenir et à l'influencer au point de lui faire prononcer le jugement en sa faveur. Car il ne peut en être autrement, si le juge acquiesce à ces instances, puisque la partie seule entendue a nécessairement toujours raison. Que ferait le juge? Il interrogerait l'autre partie, puis il prononcerait son jugement. Faites l'application de cet exemple aux prêtres qui défendent la lecture des livres qui les démasquent et qu'ils classent sous le nom générique de mauvais, car ils sont effectivement bien mauvais pour eux.

§ X.

Vivent les rois bons catholiques!

LES REV. P.

Le tout ne monte qu'à la somme de neuf millions sept cent dix-huit mille huit cents personnes égorgées, noyées, brulées, rouées ou pendues pour l'amour de Dieu.

Ils croient vous avoir répondu victorieusement quand ils vous ont dit : nous ne défendons la lecture de ces livres que parce qu'ils flattent les passions, et qu'on pourrait se laisser entraîner à leurs préceptes. Mais si l'on se laisse si facilement entraîner par leur doctrine, quelle autre preuve est-ce sinon qu'elle est plus naturelle et par conséquent plus vraie que leurs systèmes embrouillés, incompréhensibles, et que leurs plus ardents prosélytes ont peine à croire constamment.

Que deviendra donc la morale sans religion? —Mais encore une fois je ne rejette pas la religion, la véritable religion, la religion naturelle, car c'est toujours celle-là seule qui peut être immuable, constante, vraie en un mot, puisqu'en tant que naturelle, elle émane de la nature et par conséquent de Dieu, ce qui est la même chose, et que les vôtres étant toutes d'institution humaine sont toutes fausses, et n'ont été inventées que par la cupidité et l'ambition (1), et que leurs effets ont été constamment conformes à leur origine, c'est-à-dire les plus funestes et les plus destructeurs de l'espèce humaine, puisqu'elles ont engendré les haines, les guerres civiles, l'inquisition, des scènes de meurtre et de carnage épouvantables, des assassinats, des parricides, tous les crimes enfin les plus réitérés et les plus atroces qui aient jamais été commis ; ce que personne ne peut nier, ce qui est prouvé dans une foule de livres, et ce qu'il est toujours aisé de voir à

(1) La religion juive par la cupidité des prêtres; la religion chrétienne par la cupidité des prêtres; la religion musulmane par l'ambition de Mahomet, et ainsi de toutes les autres.

une personne qui veut se dépouiller de tous préjugés et chercher de bonne foi là vérité.

Vous avez votre confession, dites-vous, institution la plus efficace pour détourner des crimes ! Moi je dis qu'en outre une foule de maux qu'elle produit, votre confession, loin d'empêcher les crimes, sert à en faire commettre.

Enrichissons-nous d'abord , dit cet usurier, je me confesserai après , je donnerai un centième de ce que j'aurai gagné à mon confesseur, quelque chose aux pauvres , puis j'irai en paradis tout comme un autre...Cet homme me gêne, il entrave mes plans de fortune , je vais l'empoisonner, et que je sois ou ne sois pas découvert par la justice , mon sort ne peut manquer d'être heureux, puisque si je ne suis pas condamné je serai riche ; et que , condamné , je me confesserai et serai aussi innocent que mon voisin qui n'a tué personne, et encore plus sûr que celui que j'aurai empoisonné, d'aller en paradis, puisqu'il pourrait très bien se faire qu'il n'eût pas été à confesse avant d'avoir succombé à la dose de poison que je lui ai administrée.

Voilà quel bien peut produire votre doctrine sur la confession et le paradis, quand une personne croit fermement à la vérité de l'un et de l'autre. Il est vrai , votre confession a fait restituer à de petits voleurs, mais elle n'a jamais rien produit sur les grands scélérats , que de l'endurcissement et de la persévérance dans leurs forfaits. Quel prince était plus dévot que Louis XI? quel prince fut aussi criminel ! S'il n'avait pas eu sa bonne vierge , et ses petits saints de plomb sur qui il comptait en leur faisant sa confession , pour obtenir le pardon du crime qu'il était sur le point d'ordonner , il en est beaucoup qu'il n'aurait jamais osé commettre (1). L'assassin de l'empereur Charles VI, celui de Guillaume I, ceux des Sforces et des Médicis, Jean Châtel, Jacques Clément et Ravaillac , allaient à confesse , et c'était au sortir du confessionnal qu'ils assassinaient; c'étaient des hosties empoisonnées qu'ils employaient comme moyen de meurtre.

Charles IX , Charles X allaient à confesse, et ils n'en ont pas moins ordonné , l'un, la Saint-Barthélemy, parce que des hommes ne voulaient pas être de sa religion ; l'autre, les journées des 27, 28, 29 juillet, parce que les Français ne voulaient plus du jésuitisme , de l'absolutisme et du gouvernement des prêtres, qu'ils ne voulaient plus, en un mot, en *peuple*

______

(1) Lisez *Quentin Durward*, Walter Scot.

animal porter le bât féodal. Mingrat, Contrafatto, Molitor, Bralet, Frilay , allaient à confesse ; bien plus ils confessaient, et ils n'en ont pas moins violé et assassiné. Mais, sans en venir à des particularités , dites-moi quelle confiance du moins méritée inspirent davantage les personnes qui vont à confesse que celles qui n'y vont pas. Pour moi, j'aimerais mieux me confier à des gens sans religion , comme vous l'entendez dans les sacristies, qu'à des dévots , parce que si les premiers ont une bonne réputation , ils ne me tromperont sûrement pas , tandis que les seconds peuvent être les plus grands scélérats de la terre sous le masque de la religion , c'est-à-dire du culte qui ne sert qu'à produire des fourbes et des hypocrites , et que je serai trompé par ces vains dehors de piété qu'on regarde comme de la probité, d'autant plus facilement que je les aurai moins surveillés.

§ XI.

Les bons cœurs seront mes élus ,
Sans que pour cela je vous noie.
Faites l'amour, vivez en joie,
Narguez vos grands et vos cafards.

LE BON DIEU.

Loin donc de produire aucun bien , la religion ne cause que des malheurs. Elle alimente une foule de gens inutiles , prêtres, jésuites , moines, religieux de tous les ordres, qu'il faut payer de l'argent du laboureur et du père de famille, de la veuve et de l'orphelin. Vous nourrissez leur fainéantise , et ils emploient encore leurs moments de loisir à comploter contre vous; ils servent de foyers de conspiration ; ils cherchent à vous ramener sous le joug de l'esclavage ; ils vous traitent en maîtres; et cependant que sont-ils ? Ils ne sont rien que ce que vous les faites ; ils ne sont forts que des armes que vous leur donnez, et ils les tournent contre vous. Votre crédulité les alimente comme l'huile alimente une lampe; comme une lampe privée d'huile , ils s'éteindront d'eux-mêmes, lorsque vous les aurez privés de votre crédulité. Il fut un temps où ils auraient pu conserver une longue existence, mais ce temps est passé. Il ne faut point de gens inutiles qui peuvent d'un moment à l'autre devenir dangereux. Car quoique les prêtres paraissent maintenant pleins de soumission , et qu'ils affectent même de la tolérance, *l'esprit de l'Eglise* règne toujours parmi eux. C'est le chat qui dort, il attend l'occasion de

tomber sur sa proie. Le moment du réveil serait terrible, il faut le prévenir.

Un curé d'un département méridional de
la France, disait en chaire, il n'y a pas encore
long-temps : « Peu de gens savent ce que c'est
» qu'un prêtre ; un prêtre est au-dessus de ce
» qu'il y a de plus grand sur la terre, il est
» au-dessus d'un roi; un prêtre c'est un Dieu. »
Malheureusement pour ces Dieux, comme
pour bien d'autres, le progrès des lumières
va devenir plus rapide que jamais, puisque,
grâces à notre gouvernement vraiment consti-
tutionnel, il n'aura plus d'entraves. C'est alors
que l'abandon et le mépris général leur aura
prouvé qu'un prêtre n'est pas un Dieu, qu'il
n'est rien...... qu'un *imposteur dévoilé*.

Chacun, à mesure que l'ignorance, et par
conséquent la superstition, se dissiperont, va
se contenter de la bonne religion ; chacun ne
suivra plus qu'une maxime : *Ne fais pas à*
autrui ce que tu ne voudrais pas qu'on te fît à
toi-même. Voilà tout l'homme. Fidèle à ce précepte du cœur et de la conscience, sans t'in-
quiéter de rien, sans songer à une autre vie,
tu t'acquitteras bien de tes devoirs dans celle-
ci ; sans chercher à expliquer Dieu, sans cher-

cher s'il y a un paradis, sois sûr que tu vivras heureux, honnête homme, par conséquent, sans crainte de châtiment, parce que tu auras obéi à la loi imposée à ta conscience, et qu'à chaque moment de ta vie tu pourras te dire :

Quand le moment viendra d'aller trouver les morts,
J'aurai vécu sans loix, je mourrai sans remords.

N. B. Cet opuscule n'est que le précis sommaire d'un ouvrage plus étendu qui paraîtra bientôt.

FIN.

IMPRIMERIE D'HIPPOLYTE TILLIARD RUE DE LA HARPE, N° 88.